AF558900

CLV

WELCH EIN MENSCH!

CLV

Hinweis:

Da es ja viele unternommen haben, eine Erzählung von den Dingen zu verfassen, die unter uns völlig geglaubt werden ...

Lukas 1,1

... wollen wir unserem sehr geschätzten und bibelfesten Autoren Eckart zur Nieden etwas dichterische Freiheit zugestehen, da er die Geschehnisse in Reimform wiedergibt. Wer wissen möchte, wie es sich wirklich zugetragen hat, lese bitte den betreffenden Abschnitt im Evangelium nach ...

... damit du die Zuverlässigkeit der Dinge erkennst ...

Lukas 1,4

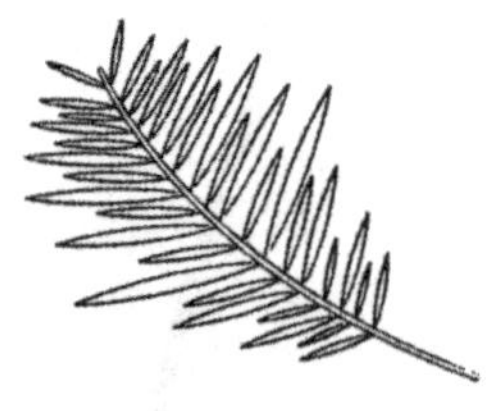

1. Auflage 2023

Christliche Literatur-Verbreitung e.V.
Ravensberger Bleiche 6 · 33649 Bielefeld
Internet: www.clv.de

Satz & Umschlag: Andreas Fett, Meinerzhagen
Druck & Bildung: CPI books GmbH, Leck

Artikel-Nr. 256688
ISBN 978-3-86699-688-5

Inhalt

Matthäus 3,1-17;
Johannes 1,29-39

Der Anfang

℘

Sonst ist die Gegend öd und leer,
ein heißer Ort im Nirgendwo.
Der Jordan fließt ins Tote Meer.
Da drüben sieht man Jericho.

Ganz anders aber ist es heute.
Am Fluss spricht laut ein junger Mann.
Und drumherum stehn viele Leute
und hörn sich seine Predigt an.

Ganz ärmlich ist der Mann gekleidet
mit einem Fell. Ganz wirr das Haar.
Man sieht auch, dass er Hunger leidet,
weil lang er in der Wüste war.

So ist er ziemlich abgemagert.
    Man zählt bequem schon seine Rippen.
Nachts hat im Freien er gelagert.
    Doch hängt das Volk an seinen Lippen.

Sie hören auf ihn, weil sie spüren:
    Der Mann Johannes, der hat recht!
Wenn wir kein andres Leben führen,
    dann geht es uns am Ende schlecht.

»*Wer niemals tut, was Gott befiehlt,*
    wird nicht das ew'ge Leben erben.
Wer nur nach Ruhm und Reichtum schielt,
    rennt gradeswegs in sein Verderben!

Wer raus will aus dem alten Trott,
    und will nicht ins Verderben laufen,
der kehre heute um zu Gott,
    und lasse sich im Jordan taufen!«

Und mancher lässt die fromme Handlung
    durch diesen Mann an sich geschehen,
als Zeichen innerer Verwandlung.
    Er will nun Gottes Wege gehen.

Da kommt ein Mann in ihre Mitte,
    von Norden her, auf weitem Wege,
tritt vor und äußert seine Bitte,
    dass ihn Johannes taufen möge.

Wogegen der sich aber wehrt.
    »O Herr«, spricht er, *»ich dich? O nein!*
Es wäre besser umgekehrt!«
    Er aber spricht: *»Es soll so sein!«*

Der Heil'ge Geist sich auf ihn senkt.
    Damit es auch ein jeder glaube,
was Gott hier seinen Menschen schenkt,
    wird sichtbar er, wie eine Taube.

Vom Himmel eine Stimme sprach –
    und alle hörten diesen Ton:
»Hört nun auf ihn, und folgt ihm nach,
    denn er ist mein geliebter Sohn!«

Als Jesus, der Getaufte, sie
    verlässt, da wollen mit ihm reisen
gleich zwei Johannesjünger, die
    Andreas und Johannes heißen.

Der Täufer aber sagt den Leuten,
    die fragen, was das alles heißt:
»Er tauft wie ich, soll das bedeuten,
    nur ich mit Wasser, er mit Geist.

Ich konnte das Gesetz nur lehren,
    dem Sünder aber das Gericht.
Nun solltet ihr auf Jesus hören,
    denn bei der Lehre bleibt er nicht.

Seht, das ist Gottes Opferlamm
das stirbt, und trägt der Menschen Sünde.
Der Gottessohn auf Erden kam,
dass jeder Mensch Erlösung finde.«

Johannes 2,1-11

Die Hochzeit in Kana

In Kana gab's ein Hochzeitsfest.
　　Wenn einer seine Liebste freit –
klar, dass er sich nicht lumpen lässt,
　　und Mühe nicht noch Kosten scheut.

Der Brauch ist, jedem, der verwandt,
　　und sei's auch nur um sieben Ecken,
und jedem, der dem Paar bekannt,
　　der kommen will, den Tisch zu decken.

Dem Beutel ist das zwar zum Schaden.
　　Was soll's – so ist es nun mal Brauch.
Die Mutter Jesu war geladen,
　　und Jesus mit den Jüngern auch.

Nun tafeln sie seit Stunden schon.
Die Musik spielt mit frohem Schalle.
Maria sagt zu ihrem Sohn,
leis flüsternd nur: »*Der Wein ist alle!*«

Nun standen da sechs Steingefäße,
benutzt für fromme Rituale.
Wenn man die voller Wein besäße –
geholfen wär mit einem Male.

»*Geht hin, füllt Wasser in die Krüge!*«,
schärft Jesus nun den Knechten ein.
Jetzt gibt es Wasser zur Genüge,
jedoch noch immer keinen Wein.

Vielleicht ja doch? »*Schöpft nun ein Glas,*
und lasst den Speisemeister testen!«
Der trinkt. »*Welch edler Wein ist das?*
Warum bringt ihr erst jetzt den besten?«

Man soll erst edlen Wein einschenken«,
sagt er zum Bräutigam und Chef,
»*Und können sie nicht mehr klar denken,*
alsdann das billige Gesöff.«

Statt Wasser edlen Wein zu reichen,
zeigt: Jesus hat besond're Gaben.
Dies war das erste Wunderzeichen,
das sie bei ihm gesehen haben.

Lukas 5,1-11

Der Fischzug des Petrus

Sie mussten ganz ergebnislos
    die Nacht sich um die Ohren schlagen.
Kein Fisch im Netz! Wie kommt das bloß?
    Im Osten fängt es an zu tagen.

Sie rudern müde und frustriert.
    Sehn Jesus da am Ufer stehen.
Von ihm sind sie ja fasziniert,
    sie haben seine Macht gesehen.

Auch diesmal stehen viele Hörer
    um ihn herum in großer Menge.
Das Reden wird so immer schwerer,
    es ist ein ziemliches Gedränge.

Er winkt – das ist nicht schwer zu deuten:
Der Petrus kommt, nimmt ihn an Bord.
Von da spricht Jesus zu den Leuten,
und nun versteht man jedes Wort.

Dann hat die Predigt er beendet.
Die Leute lassen ihn in Ruh.
Es ist fast Mittag. Jesus wendet
sich Petrus und Andreas zu.

»*Fahrt raus und werft die Netze aus!*«,
so sagt er. Doch die beiden Brüder
die wollten eigentlich nach Haus.
Noch 'ne Enttäuschung? Nicht schon wieder!

Es hat ja alles nichts gebracht!
Doch Petrus traut ihm, und er sagt:
»*Wir fischen schon die ganze Nacht.*
Doch wenn du's sagst, dann sei's gewagt!«

Er wirft das Netz im hohen Bogen.
Schon füllt sich's überraschend schnell.
Da ist wohl grad ein Schwarm gezogen.
Es blinkt und wimmelt silberhell.

Vor Staunen stehn die Münder auf.
Inzwischen werden's immer mehr!
»*Komm! Ziehen wir das Netz herauf!*«
Doch das ist ihnen viel zu schwer.

Da helfen ihre Kameraden,
den Fang, der aus dem Netze quoll,
in ihre Schiffe umzuladen.
Zum Schluss sind beide Boote voll.

Und Petrus kniet vor Jesus hin.
»O Herr, in dir kommt Gott zu mir,
und zeigt, dass ich ein Sünder bin.
Geh fort! Ich passe nicht zu dir!«

Doch er sagt: *»Folge mir! Die Beute,*
die es für dich zu fangen gibt,
das sind nicht Fische, sondern Leute,
die Menschen, die der Vater liebt.«

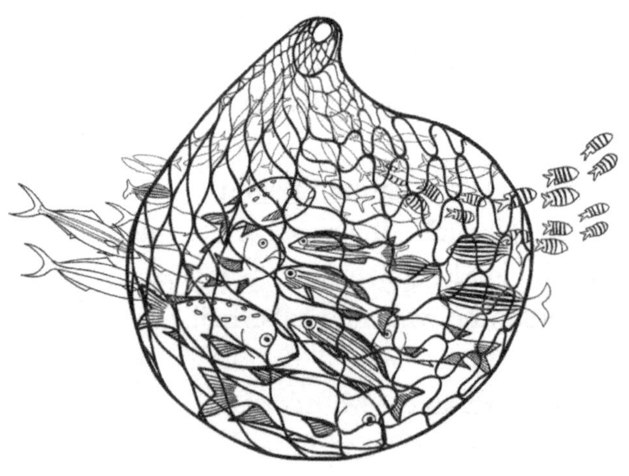

Lukas 5,17-26

Heilung eines Gichtbrüchigen

Ein Mann hatt' lange schon die Gicht,
lag jahrelang auf seiner Matte,
voll Schmerzen, und bewegt sich nicht.
Wie gut, dass er vier Freunde hatte!

Die hörten, Jesus könne heilen,
von jeder Krankheit oder Plage.
Und sie beschlossen hinzueilen
mitsamt dem Kranken auf der Trage.

Da ist ein ziemliches Gedränge.
Die Leute stehn bis auf die Straßen.
Und garstig weigert sich die Menge,
die Fünfe freundlich durchzulassen.

Das regt den Zorn an bei den Vieren.
»Soll'n wir den Freund nach Hause schleppen,
und, wo es schwer wird, resignieren?«
Da sehn sie rechts die Außentreppen.

Und schon hat einer die Vision –
sie klingt zunächst vielleicht verschroben –
»Es gibt die dritte Dimension!
Wir bringen unsern Freund von oben!«

Schon steigen sie aufs flache Dach
und fangen an, es aufzubrechen.
Das macht natürlich ziemlich Krach
und stört die, die da unten sprechen.

Es ist, wie sie vermutet hatten:
Sie brechen ein paar große Stücke,
denn zwischen Balken liegen Platten.
Und schon entsteht die erste Lücke.

Da unten ruft man: *»Unerhört!*
Ein fremdes Dach! Das darf man nicht!«
Sie schauen hoch und sind empört.
Kalk rieselt ihnen ins Gesicht.

Die Freunde haben's gut getroffen:
Direkt bei Jesus ist das Loch.
Nun ist schon fast der Himmel offen,
und all die Leute schauen hoch.

Jetzt ist's genug. Der Kranke passt
nun mit der Matte durch; die Enden
der Trageseile fest gefasst
von Freunden in den starken Händen.

Nachdem drei Leute weichen müssen
schwebt stöhnend nieder der Patient,
direkt bei Jesus, vor den Füßen
des Mannes, den man Heiland nennt.

Und lächelnd schaut der nun nach oben,
als wollte er den Vieren danken
und ihren großen Glauben loben.
Dann wendet er sich an den Kranken.

»Glaub's, deine Schuld ist dir vergeben!«
»Wie? Um die Sünde ging's mir nicht!
Genesen möcht ich weiterleben!
Mir ging's um Heilung von der Gicht!«

Es murren oben die Gefährten:
Will er nicht helfen in der Not?
Es murren auch die Schriftgelehrten:
Die Schuld vergeben kann nur Gott!

Er fragt: *»Was ist besonders schwer?*
Zu sagen: geh gesund ins Leben,
als wenn rein nichts gewesen wär!
Oder: dir ist die Schuld vergeben!?

Damit ihr seht, Gott gibt mir Macht,
zu tun das eine wie das andre« –
sieht er den Kranken an und lacht:
»Du bist gesund! Steh auf und wandre!«

Der Mann springt auf von seinem Bette,
frisch, fröhlich, voller Energie,
als ob er nie gelegen hätte,
und läuft sogar. Da staunen sie.

Der Mann dankt nun aus tiefstem Herzen
dem Heiland, der sich sein' erbarmt.
Rennt raus, mit Bett, doch ohne Schmerzen,
zur Freundesschar, die ihn umarmt.

Die Leute staunen, was er schafft!
Ihm zu vertrauen kann sich lohnen!
Er schöpft wohl seine Wunderkraft
aus völlig andern Dimensionen.

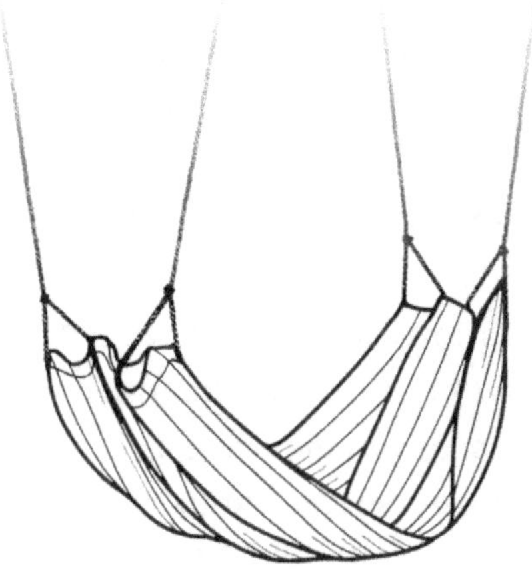

Johannes 5,1-18

Der Kranke am Teich Bethesda

ေ

Als Jesus durch Bethesda läuft,
    mit den fünf Hallen, sieht er gleich,
’ne Menge Elend angehäuft:
    Ganz viele Kranke nah am Teich.

Das Wasser, das sonst eher schadet,
    das sprudelt manchmal. Wer sich eilt,
und dann als Erster darin badet,
    wird von der Krankheit schnell geheilt.

Ob das auch stimmt, kann keiner sagen,
    und trotzdem hofft es jedermann.
Sie wollen frei sein von den Plagen,
    und darum glauben sie daran.

Und mancher hat – das ist gewollt –
ganz dicht sich an den Rand gelegt.
So ist er schnell hineingerollt,
sobald das Wasser sich bewegt.

Und Jesus hört die Leidgeschichten,
muss dauernd über Kranke steigen,
lässt sich von ihrer Not berichten
und dann noch ihre Wunden zeigen.

Er kommt zu einem, der gekrümmt
apathisch liegt auf seiner Bahre.
»*Man sagte mir – sag, ob das stimmt –*
du liegst schon achtunddreißig Jahre.

Ich frage dich: Willst du gesunden?«
»*Ach Herr, ein jeder denkt an sich!*
Ich bin ganz steif, und meine Wunden,
die quälen mich ganz fürchterlich!

Wenn mal das Wasser sich bewegt,
dann bräuchte eigentlich ich einen,
der rasch mich zu der Quelle trägt.
Doch glaub mir, Herr, ich habe keinen!«

»*Steh auf!*«, sagt Jesus schlicht und klar.
Das Wort fährt ihm in alle Glieder.
Was lange Zeit nicht möglich war –
durch Gottes Kraft geht's plötzlich wieder.

Die Muskeln – Arme, Füße, Knie –
die er schon fast vergessen hatte,
urplötzlich funktionieren sie.
Der Kranke schnellt von seiner Matte.

Wer ist der Fremde, der den Kranken
durch sein Befehlswort ließ gesunden?
Der so Geheilte will ihm danken.
Da ist der Fremde schon verschwunden.

Voll Freude geht er Schritt für Schritt.
Welch Glück ist diese Schicksalswende!
Er nimmt sein Bett. Jedoch damit
ist die Geschichte nicht zu Ende.

Ihn treffen ein paar fromme Leute.
»He, du! Wie kannst du es nur wagen,
am Sabbat, der ist nämlich heute,
hier öffentlich dein Bett zu tragen!«

»Der mir geholfen hat, der sprach:
Nimm mit, worauf du dich gebettet!
Drum tu ich's auch! Seht es mir nach!
Er hat ja schließlich mich gerettet!«

Sie ahnen, dass er Jesus meint.
Sehn alles, was der tut, als Fehler.
Sie sind ihm nämlich spinnefeind,
die selbstgerechten Erbsenzähler.

Im Tempel, ein paar Stunden später,
da trifft er seinen Helfer wieder.
Da hört er, Jesus sei sein Retter,
und er fällt dankend vor ihm nieder.

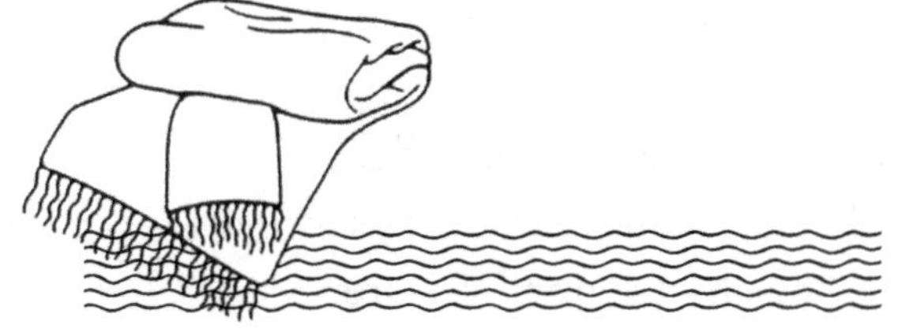

Matthäus 7,24-27

Die Gleichnisgeschichte vom Hausbau

℘

Der Herr erzählte gern Geschichten.
Die sind nicht wirklich so passiert.
Er konnte passend sie erdichten.
Und doch hat jeder gleich gespürt:

Er hält hier keine Märchenstunden.
Vergleiche sind's. Die sind sogar,
obwohl von Jesus frei erfunden,
in einem tiefern Sinne wahr.

So mancher spitzt zwar seine Ohren,
doch hört er meist nur Ohrenschmaus.
So ist die Botschaft schnell verloren –
zu dem Ohr rein, zum andern raus.

Ein andrer hält zwar im Gedächtnis,
was er von Gott vernommen hat,
als gut gehütetes Vermächtnis –
das Wort wird aber nicht zur Tat.

Der Mensch gleicht einem Häuslebauer,
der seinen Bau auf Sand gestellt.
Schon bei 'nem starken Regenschauer
muss er sich fragen, ob das hält.

Erst recht bei einer Überschwemmung,
da zeigt sich, dass der Sand nicht trägt.
So wie bei dem, der ohne Hemmung
das Gotteswort beiseitefegt.

Der arme Mann hat nichts zu lachen!
Das Haus erzittert – es wird schlimmer –
dann sieht er es zusammenkrachen.
Am Ende bleiben nur noch Trümmer.

Es brechen die Naturgewalten
das Haus auf Sand: Der Sturm, die Flut.
So kann ein Lebenshaus nicht halten,
wenn's nicht auf Gottes Wahrheit ruht.

Dagegen: Wer die Worte dessen,
der alles schuf und alles lenkt,
wird auch im Alltag nicht vergessen,
mit Dank und Liebe an ihn denkt,

den Gottes Wort tief prägte, und
bei dem es sichtbar wird in Taten,
der baut sein Haus auf Felsengrund,
wo's sicher steht, und wohlgeraten.

Und kommen auch gewalt'ge Fluten,
und ein Orkan, ein Sturmwind weht –
nichts macht's dem Haus, das auf dem guten
und sichern Fundamente steht.

Matthäus 8,5-13

Der Hauptmann von Kapernaum

Die Jesusjünger sind der Meinung:
    »Das ist bestimmt ein Offizier!«
Man sieht es schon an der Erscheinung.
    Er ist vermutlich nicht von hier.

Wer nicht zu Israel gehört –
    was der dann wohl von Jesus will?
Ist er denn Jesu Hilfe wert?
    Er tritt vor Jesus. Der steht still.

»Darf ich dich, Herr, um Heilung bitten?
    Mein Knecht – er liegt mir sehr am Herzen –
er hat schon fürchterlich gelitten.
    Er liegt und windet sich in Schmerzen.«

Wird Jesus einen Heiden heilen?
   Dafür gibt es doch keinen Grund!
Doch er sagt: »*Ich will mit dir eilen.*
   Ich mache deinen Knecht gesund.«

Statt loszulaufen bleibt der stehen.
»*Ich weiß*«, sagt er und senkt das Haupt,
   »*dass Juden nicht so gerne gehen*
zu jemand, der was andres glaubt.

Vielleicht kommst du zu mir nicht gerne.
   Doch wird das auch nicht nötig sein.
Dein Wort wirkt sicher aus der Ferne.
   Befiehl es nur, so trifft es ein!

Ich kenne das als Offizier.
   Wenn ich nur einem Mann befehle:
›He du, Soldat! Komm her zu mir!‹,
   ist augenblicklich er zur Stelle.

Wenn ich zu einem sag: ›Verschwinde!‹,
   dann salutiert er und ist fort.
Sie machen schnell, was ich verkünde,
   und sie gehorchen mir aufs Wort.

Du siehst: Fast alles, was ich möchte
   und fordere, geschieht alsbald.
So über alle bösen Mächte
   hast du, o Herr, Befehlsgewalt.«

Da wundert Jesus sich und spricht:
»Geh heim! Dein Knecht wird schnell gesunden!
In Israel, da hab ich nicht
so festen Glauben je gefunden!«

Der Knecht lief ihm geheilt entgegen,
als dieser Mann nach Hause kam.
»Es gilt«, sagt Jesus, *»Gottes Segen*
nicht nur dem Volk von Abraham.

Sehr viele sind aus Ost und Westen
dereinst mit Abraham zugleich
geladen unter all den Gästen
an Gottes Tisch in seinem Reich.«

Lukas 7,11-17

Der Tote von Nain

℘

Staub wirbelt auf von vielen Füßen,
die quer durch Galiläa gehen.
Sie folgen Jesus, weil sie wissen,
sie werden weiter Wunder sehen.

Auch woll'n sie seine Worte hören,
die weise sind, und ungewohnt.
Für seine Botschaft, seine Lehren,
da hat sich jeder Weg gelohnt.

Da kommen andere entgegen,
'ne Schar mit ähnlich großen Zahlen.
Auch sie wühlt Staub von trocknen Wegen,
bewegt von hunderten Sandalen.

Die Menge führt kein Rabbi an,
der Gutes lehrt, das Weise, Wahre.
Nein, an der Spitze gehn sechs Mann,
die tragen eine Totenbahre.

Was für ein Ziel die Menge hat,
das ist ja hier nicht schwer zu raten:
Man bringt den Toten aus der Stadt,
um ihn hier draußen zu bestatten.

Man grüßt sich und man tauscht sich aus
mit der gebot'nen Pietät.
Und so kommt im Gespräch heraus,
worum es bei dem Toten geht.

Der Frau, der schon der Mann gestorben,
ist nun der einz'ge Sohn genommen,
der ihren Unterhalt erworben.
Wie soll sie nun durchs Leben kommen?

Und Jesus sieht die Frau voll Leid,
die weint und fast zusammenbricht
vor lauter Hoffnungslosigkeit,
und sagt ihr tröstend: »*Weine nicht!*«

Die Leichenträger halten an,
und Jesus tritt nun zu der Trage.
Dann spricht er zu dem toten Mann:
»Hör, junger Mann, was ich dir sage!

Steh auf!« Vollmächtig ist das Wort.
Mit toten Ohren, toten Sinnen
hört es der tote Mensch sofort.
Und neues Leben kann beginnen.

Die Leute sehen's mit Erschrecken.
Wer hat denn so was je gesehen?
Jemand vom Tode aufzuwecken –
wie kann das sein? Was ist geschehen?

Und Jesus führt den einstmals Toten,
dass er zu seiner Mutter geht.
»Wir haben einen Gottesboten!«,
so ruft das Volk. *»Seht! Ein Prophet!«*

In Windeseile nun verbreitet
die Nachricht sich im ganzen Land:
Gott hat uns seine Gunst bereitet,
sich uns in Gnaden zugewandt.

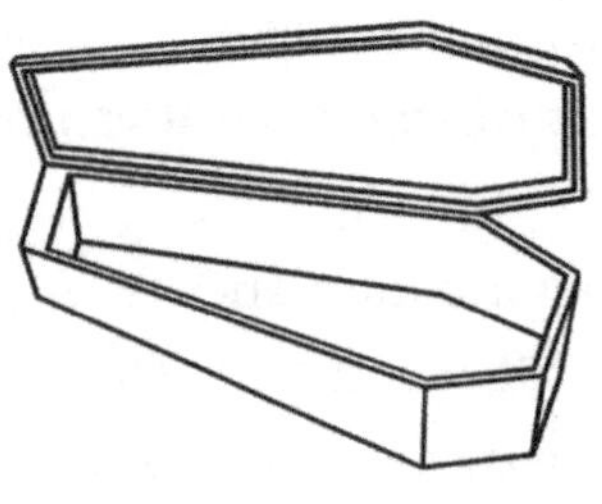

Lukas 7,36-50

Die Salbung durch die Sünderin

℘

Die pharisäische Partei
    ist gegen Jesus, ganz grundsätzlich.
Doch einige sind auch dabei,
    die sind nicht ganz so streng gesetzlich.

Es lässt sich schließlich nicht bestreiten,
    dass manches Wunder er vollbrachte.
Da gilt es nun, genau zu deuten,
    aus welcher Kraft er so was machte.

Ein solcher Mann lädt Jesus ein,
    mit 'nem Besuch ihn zu beehren.
Bei gutem Essen, edlem Wein,
    lässt sich so manches plaudernd klären.

Die Einladung nimmt Jesus an,
der nie sich dem Gespräch verschließt.
Von Simon, denn so heißt der Mann,
wird er nur reserviert begrüßt.

Es werden Speisen aufgetragen,
womit er Ehre ihm erweist.
Die Speisen füllen ihren Magen,
und die Gespräche ihren Geist.

Doch plötzlich – was für ein Eklat!
Was ist dem Weib nur eingefallen!
Uneingeladen kniet sie da
und öffnet Jesus die Sandalen.

Sie kauert weinend bei den Füßen,
und sie benimmt sich sonderbar:
Lässt ihre Tränen darauf fließen,
und trocknet sie mit ihrem Haar.

Mit null Moral und ohne Ehre
gehört sie zu den sünd'gen Frauen.
Wenn ein Prophet der Rabbi wäre,
dann würde er sie leicht durchschauen!

So denkt der Simon. Doch sein Gast
sagt: »*Simon, als ich angekommen –*
was du da unterlassen hast,
hat sie statt deiner übernommen:

Wäscht mir die Füße, weil sie liebt,
denn ihr ist viele Schuld vergeben.
Was ihr die große Chance gibt
zu einem völlig neuen Leben.

Wem viel vergeben ist, liebt sehr.
Doch gibt Versöhnung keinen Raum,
wer meint, dass sie nicht nötig wär.
Ein solcher Mensch liebt schließlich kaum.«

Markus 4,35-41

Die Sturmstillung

℘

Das Volk, das bei Kapernaum
    am Ufer steht, sitzt oder hockt,
wurd aus der Gegend drumherum
    durch die Gerüchte angelockt.

Denn Jesus kann – laut den Gerüchten –
    so manches Wunder leicht vollbringen.
In Gleichnissen und in Geschichten
    spricht er von religiösen Dingen.

Er tröstet, mahnt, erklärt und droht
    so kraftvoll, dass man merkt: Es stimmt.
Er sitzt dabei in einem Boot,
    das dort in Ufernähe schwimmt.

Es hat ihn wohl recht angestrengt.
    Und um ihn davor zu bewahren,
dass ihn das Volk zu sehr bedrängt,
    spricht er: »*Lasst uns hinüberfahren!*«

Sie fahren auf den See hinaus,
    die Jünger, die stets bei ihm sind.
Sie segeln und er ruht sich aus.
    Ganz leise weht ein schwacher Wind.

So schläft er ein. Er liegt im Heck
    mit seinem Kopf auf einem Kissen.
Der Wind bleibt schließlich völlig weg,
    sodass die Zwölfe rudern müssen.

Dann ändert sich die Wetterlage.
    Erstaunt bemerken's Jesu Schüler.
Ganz dunkel wird's am hellen Tage,
    ein Sturm zieht auf, und es wird kühler.

Matthäus und Philippus denken:
    Nur keine Angst! Der Petrus kann es!
Der Fischer weiß, ein Boot zu lenken!
    Und auch Jakobus und Johannes.

Was aber nützt uns die Erfahrung
    bei solchem Sturm mit seinen Schrecken!
Durch Jesus gäb's vielleicht Bewahrung.
    Sie wagen nicht, ihn aufzuwecken.

Das Schiff, es schaukelt hin und her.
Wild bläst der Sturm, die Angst ist groß,
die Wogen steigen! Doch ihr Herr
schläft wie bei Abraham im Schoß.

Er könnte sie vielleicht bewahren
vor Angst und Panik und vor Kummer,
vor realistischen Gefahren,
doch er liegt still in seinem Schlummer!

Der Sturm wird schließlich zum Orkan.
Gischt spritzt. Sie werden immer nasser.
Sie klammern sich am Dollbord an.
Andreas schöpft das Bilgewasser.

Das Boot wird kräftig durchgeschüttelt.
Noch immer nicht wird Jesus munter.
Da haben sie ihn wachgerüttelt.
»Herr, hilf uns doch! Wir gehen unter!«

Der Herr steht auf. *»Es stürmt. Na und?«*
Es schwankt. Er hält sich an den Spieren.
*»Das ist doch lange noch kein Grund,
das Gottvertrauen zu verlieren!«*

Sie kentern fast. Den Jüngern graut.
Das Meer rauscht laut, der Sturm pfeift schrill.
Er reckt den Arm aus und ruft laut:
»Wind, ich befehle dir: Sei still!«

Die Jünger können es kaum fassen:
    Der Sturm – noch eben wild bewegt –
er hat nicht langsam nachgelassen,
    nein, er hat sich sofort gelegt.

Da ist nur noch ein sanfter Hauch
    der Sturm, der sie geängstigt hat.
So ist es mit den Wellen auch:
    Der See liegt still und spiegelglatt.

Grad wären sie fast abgesoffen –
    jetzt stille, sanfte Bootspartie!
Da steht der Mund vor Staunen offen.
    Sie beugen ehrfurchtsvoll die Knie.

Wo nimmt er nur die Vollmacht her?
    Er hebt gebietend seine Hand,
spricht nur ein Wort – und Wind und Meer
    gehorchen ohne Widerstand.

Er legt sich wieder auf sein Kissen.
    »*Wer ist denn dieser?*«, hört man's raunen,
und weil sie's nicht genauer wissen,
    so bleibt am Ende nur das Staunen.

Lukas 8,40-56

Die Auferweckung der Tochter des Jairus

℘

Da ist ein Mann, der heißt Jairus,
zum Synagogenchef ernannt.
Sein Kind ist krank durch einen Virus.
Noch waren Viren unbekannt.

Unruhig tritt der Ortsvorsteher
von einem auf das andre Bein.
Warum kommt Jesus denn nicht eher?
Die Zeit wird knapp! Schnell muss es sein!

Er soll doch meine Tochter heilen,
mein krankes Kind. Zwölf Jahre alt.
Er sollte wirklich sich beeilen,
doch immer wieder macht er Halt.

Wie jetzt zum Beispiel bei der Frau.
Sie klagt dem Meister ihre Not.
Dabei weiß Jesus doch genau:
Es geht um Leben oder Tod!

Da sagt ein Knecht, der zu ihm geht,
dass Jesus nicht zu kommen braucht.
»Es tut mir leid, ihr seid zu spät.
Sie hat das Leben ausgehaucht.«

Als wie ein Blitz das Wort ihn traf,
sagt Jesus: *»Du musst nicht erschrecken!*
Glaub nur! Die Tochter liegt im Schlaf.
Wir gehen, um sie aufzuwecken.«

Noch von der Nachricht ganz benommen
führt ihn der Mann an seinen Ort.
Die Klagefrau'n sind schon gekommen,
doch Jesus schickt sie alle fort.

Befreit von all den vielen Leuten
mit ihrem lauten Wehgeschrei
soll'n nur drei Jünger ihn begleiten.
Und auch die Eltern sind dabei.

Er greift die Hand. Die Finger sind
ganz kalt, die Stirn und Wangen bleich.
Dann sagt er: *»Nun steh auf, mein Kind!«*
Und da erhebt es sich sogleich.

In starre Augen kommt das Leben,
sie schauen ganz erstaunt im Rund,
als fragten sie: »*Wo war ich eben?*«
Dann springt sie auf und ist gesund.

Die Eltern fall'n vor Jesus nieder.
Wer hat je solche Macht besessen!
Das Kind war tot, jetzt lebt es wieder!
Der Herr befiehlt: »*Gebt ihr zu essen!*«

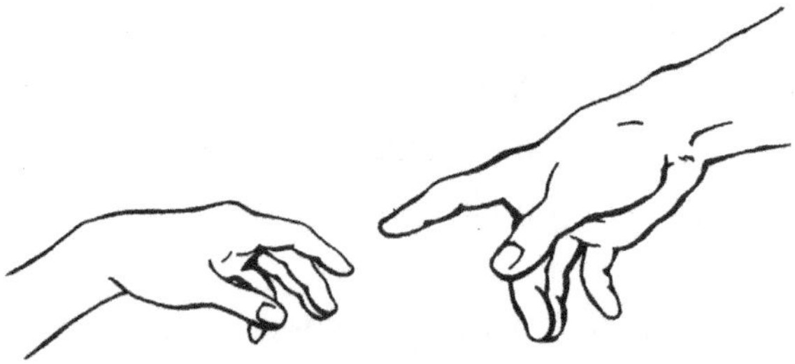

Johannes 6,1-5.25-35

Die Speisung der Fünftausend

℘

Fünftausend dräng'n sich dicht an dicht,
damit auch die, die hinten stehen,
wenn vorn der Rabbi Jesus spricht,
auch wirklich jedes Wort verstehen.

Sie haben ihn fast eingekesselt,
so dicht stehn sie um ihn herum.
Sie sind von diesem Mann gefesselt,
und seinem Evangelium.

Was Jesus sagt, ist herzbewegend.
So haben sie die Zeit vergessen.
Sehr öd ist leider diese Gegend,
und darum gibt's hier nichts zu essen.

Die Hungerkatastrophe droht.
  Das lässt sich leider nicht verhehlen.
Der Meister sagt: »*Gebt ihnen Brot!*«
  Doch woher nehmen und nicht stehlen?

Zwei Fische und fünf Gerstenbrote,
  die da ein Junge bei sich hat –
viel zu gering ist diese Quote,
  da werden grad fünf Männer satt.

Fünf Männer, oder höchstens zehn.
  Doch Jesus sagt: »*Die Menschenmassen,*
die sollen auseinandergehn
  und sich in Gruppen niederlassen.

Geht!«, sagt er seinen Jüngern, »*Geht,*
  um sie geordnet einzuweisen!«
Dann spricht er noch ein Dankgebet
  und segnet die bescheid'nen Speisen.

Dann teilt er aus, und gibt es her,
  gibt's seinen Jüngern in die Hände.
Teilt aus – und es wird immer mehr,
  teilt weiter aus – es nimmt kein Ende.

Die Jünger staunen. Und sie eilen,
  was Jesus ausgegeben hat,
an all die Menschen auszuteilen.
  Und alle, alle werden satt.

Sie staunen. Er ist wunderbar!
»Nun geht, damit auch nichts verderbe,
und sammelt, was noch übrig war!«
Sie tun's – und füllen so zwölf Körbe.

Die Leute wollen noch vor Ort
zum König diesen Mann erheben.
Doch Jesus ist auf einmal fort.
Nun, dann zerstreuen sie sich eben.

Tags drauf, nun auf der andern Seite
des Sees kam er mit einem Boot.
Da waren wieder all die Leute.
Er sprach: *»Ich bin das Lebensbrot.*

Hört, was euch dieses Wunder lehrt:
Gott hat noch sehr viel größ're Gaben.
Wer an mich glaubt und auf mich hört,
wird niemals wieder Hunger haben.«

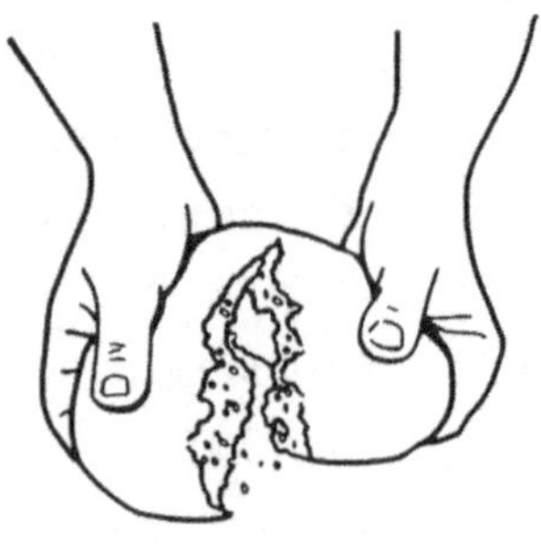

Matthäus 14,22-33

Jesus geht auf dem Wasser

℘

Warum schickt er die Jünger fort?
    Verwundert schau'n sie, und betreten.
Ach so, sehr einsam ist der Ort.
    Er will allein sein und dort beten.

Sie sollen fahren übers Meer.
    Ob sie ihn später holen müssen?
Wie kommt er denn sonst hinterher?
    Na ja, er wird's schon selber wissen.

Sie rudern, als er sie entlässt.
    Doch das ist schwerer als gedacht,
weil ihnen Wind entgegenbläst.
    Sie rudern fast die ganze Nacht.

Der Seegang ist heut Nacht recht munter.
Mal schwebt das Boot auf hoher Welle,
saust dann ins Wellental hinunter,
und trotzdem kommt's kaum von der Stelle.

Sie war'n schon mal in solcher Not,
wo sie befürchteten zu sinken.
Doch da war Jesus mit im Boot,
heut nicht. Sie fürchten zu ertrinken.

Wo nun das Wasser wütend wallt,
sehn sie im schwachen Licht der Sterne
dort eine seltsame Gestalt
im hellen Umhang in der Ferne.

Das haben sie noch nie gesehen,
was sie nun von den Sitzen reißt!
Kein Mensch kann auf dem Wasser gehen!
Das ist mit Sicherheit ein Geist!

»Da, ein Gespenst!« Sie schreien laut.
Was sonst ist dieses Sonderbare?
'ne Spukerscheinung! Ihnen graut,
es sträuben sich die Nackenhaare.

»Habt keine Angst! Ich bin es ja!«,
ruft eine Stimme, der sie trauen.
Ihr Meister Jesus ist jetzt da.
Zu großer Freude wird ihr Grauen.

Sie sind beglückt und nicht mehr bange.
  Der Meister nähert sich dem Kahn.
Dem Petrus dauert das zu lange.
  Er ist ja immer sehr spontan.

Vom neuen Glück noch wie benommen
  ruft er erfreut dem Meister zu:
»Herr, lass mich bitte zu dir kommen,
  auf Wasser gehend, so wie du!«

»Ja, komm!«, ruft Jesus. Dieses Wort
  ermutigt Petrus. Tief bewegt
steigt er nun einfach über Bord,
  geht auf dem Wasser – und es trägt!

Dann fängt er an, sich umzuschauen.
  Als eine Welle ihn erschreckt,
da werden Glaube und Vertrauen
  von Angst und Zweifel überdeckt.

Je mehr den Glauben er verliert,
  je mehr sinkt er ins Wasser ein.
Und als er merkt, was hier passiert,
  kann er nur noch *»Herr, hilf mir!«* schrein.

Der Herr hat ihn herausgezogen
  mit starkem Arm und festem Griff.
Noch ein paar Schritte auf den Wogen,
  dann steigen beide in das Schiff.

Und Petrus hockt sich deutlich bleicher
und reiht sich bei den andern ein.
Ist er um die Erfahrung reicher,
nicht besser als die Elf zu sein?

Die Jünger müssen Jesus rühmen
für seine Macht und starke Hand.
Sie greifen wieder zu den Riemen,
und bald darauf sind sie an Land.

Johannes 8,1-11

Die Ehebrecherin

℘

Klingt da nicht sündiges Gelächter
aus jenem Haus der schönen Dirne?
Still lauschen sie, die Sittenwächter,
und furchen streng die fromme Stirne.

Wenn da geschieht, was sie erahnen,
gehört's zu selbstgewählten Pflichten,
die Sünder nicht nur zu ermahnen.
Es ist auch nötig, sie zu richten.

Es geht nicht an, dass sie sich grämen
und müh'n um ein gerechtes Leben,
wogegen andre sich nicht schämen,
sich frech den Lüsten hinzugeben!

Dem Bösen ist das Maul zu stopfen,
  wie Mose es geboten hat!
Sie stürmen ohne anzuklopfen,
  erwischen sie bei frischer Tat.

»Wisst ihr denn nicht, was schon bei Mose
  im heiligen Gesetze steht?«
Der Mann schlüpft schnell in seine Hose,
  und dann verdrückt er sich diskret.

Ihn woll'n sie weiter nicht bedrängen.
  An Adams Tat war Eva schuld.
Nun aber wenden die Gestrengen
  sich an das Weib voll Ungeduld.

Kurz zögern die Gesetzeskenner.
  Wird unrein nicht, wer sie berührt?
Zwei jüngere der frommen Männer
  die packen sie ganz ungeniert.

Nun soll sie ihre Strafe kriegen!
  Doch wie? Und einer wagt zu sagen:
»Hier könnten wir vielleicht zwei Fliegen
  bequem mit einer Klappe schlagen.«

So planen sie's, die Pharisäer:
  Da ist der Mann, den sie so hassen,
der Jesus, dieser Galiläer,
  ihn könnten sie entscheiden lassen.

Sagt er nur: »*Lasst sie einfach laufen!*«,
statt streng zu fordern ihren Tod,
dann könnten sie's dem Volk verkaufen
als Ungehorsam gegen Gott.

Sagt er: »*Die Sünde muss man rächen!*«,
dann sind die Römer gleich empört.
Urteile woll'n sie selber sprechen.
Was er auch tut – es ist verkehrt.

Ein guter Plan! Auf geht's! Sie schleppen,
froh in Erwartung ihres Todes,
die Frau hinauf die vielen Treppen
zum Tempelvorhof des Herodes.

Da sitzt der Rabbi an der Seite,
und Menschen stehen drumherum.
Er schaut sie an, die vielen Leute,
und predigt Evangelium.

Die Neuen schieben sich dazwischen.
»*Wir brauchen, Rabbi, deinen Rat.*
Wir konnten diese Frau erwischen
Beim Ehebruch auf frischer Tat.

Bei Mose steht ja klipp und klar,
dass die gesteinigt werden müssen.
Du sprichst ja stets gerecht und wahr.
Drum wollten wir von dir gern wissen:

Soll'n wir das Mosewort erfüllen?«
Und Spannung legt sich nun auf alle.
Die Männer freun sich schon im Stillen:
Gebt acht, gleich tappt er in die Falle!

Sie blicken dabei fromm und bieder.
Er schaut zurück, ganz unverwandt.
Dann bückt er sich zur Erde nieder,
schreibt mit dem Finger in den Sand.

Will er sich um die Antwort drücken?
Er kennt doch selber die Thora!
Warum muss er sich dazu bücken?
Was soll denn das? Was schreibt er da?

Sind's unsre Namen, die er schreibt?
Um anzudeuten, wer wir sind:
Wie Schrift im Sande, die nicht bleibt,
wenn nur darüberweht der Wind?

Wie Namen nur, die bleiben nicht,
wenn fremde Füße drübergehen?
Statt dass bei Gottes Endgericht
sie fest im Buch des Lebens stehen?

Doch Schluss mit solcherlei Gedanken!
Selbstzweifel gilt es abzuwehren,
sonst käme ihre Welt ins Wanken!
Jetzt woll'n sie seine Antwort hören.

»Sag, welcher Meinung du nun bist!
Es kann nur eines richtig sein.«
Er sagt: *»Wer ohne Sünde ist,*
der werfe doch den ersten Stein!«

Jetzt reden sie nicht mehr so laut.
Sündlos? Dafür wird es nicht reichen.
Dass Jesus nur nach unten schaut,
erleichtert es, sich fortzuschleichen.

Wem eigne Sünde aufgegangen –
klar, dass der nicht zu werfen wagt.
Statt ihn in seinem Wort zu fangen,
sehn sie sich plötzlich angeklagt.

Der Erste geht nach Jesu Wort.
Ein Zweiter folgt, und dann der Dritte.
Und schließlich sind sie alle fort.
Nur noch die Frau steht in der Mitte.

Der Rabbi kommt nun langsam hoch
von seiner Schrift in Sand und Dreck.
Da standen sie doch eben noch!
Jetzt aber sind sie alle weg!

»Hat keiner dich zum Tod bestimmt?«
»Nein, keiner, Herr«, sagt sie erschreckt.
Was, wenn er selbst das übernimmt,
das Todesurteil selbst vollstreckt?

Zumindest dieses Urteil spricht?
Das Recht dazu, das hätte er!
»Auch ich verurteile dich nicht.
Geh hin und sündige nicht mehr!«

Denn die Erkenntnis ist ihr neu,
doch sie erlebt es ja gerade:
Wie groß des Menschen Schuld auch sei –
Gott ist ein heil'ger Gott der Gnade.

Lukas 15,1-7

Das Gleichnis vom verlorenen Schaf

Es gab im Volke der Hebräer,
    wie manchmal man die Juden nannte,
auch sogenannte Pharisäer,
    die man als sehr strenggläubig kannte.

Und dann gab's noch die Schriftgelehrten,
    die mit Gesetz durch's Leben liefen.
Als jene dann von Jesus hörten,
    da kamen sie, um ihn zu prüfen.

Es galt, genaustens nachzuschauen:
    Ist es auch richtig, was er lehrt?
Kann man dem guten Mann vertrauen?
    Lebt er am Ende ganz verkehrt?

Zwar war wohl keine Schuld vorhanden.
Sie trafen sich in ihrer Gruppe,
berieten sich, und dabei fanden
sie doch ein Härchen in der Suppe.

Es gab die Zöllner, die ja Rom
gern halfen, Steuern einzutreiben.
Dabei soll eigentlich der Strom
des Geldes doch im Lande bleiben.

Zwar war der Zoll zumeist bescheiden,
doch ärgerten sie die Abgaben,
denn mit den Römern, diesen Heiden,
da wollt' man nichts zu schaffen haben.

Und so verbreitete sich schnell –
das wusste schließlich jedes Kind –
die Ansicht, dass schon generell
gleich alle Zöllner Sünder sind.

Mit denen hat er sich getroffen!
Als Rabbi! Dass es so was gibt!
Und er behauptete ganz offen,
dass Gott sogar die Sünder liebt!

Das ist verkehrt! Das geht zu weit!
Was kann die frömmste Lehre nützen,
wenn dann der Lehrer sich nicht scheut,
mit Sündern gar am Tisch zu sitzen!

Man muss um alles in der Welt
bei Unmoral, als Kind des Lichts,
klar zeigen, was man davon hält,
von all der Sünde! Nämlich: nichts!

Dies konnten sie nun nicht verhehlen,
denn Jesus kann Gedanken lesen.
»*Hört her, ich will euch was erzählen.*
Da ist einmal ein Mann gewesen …«

Als Schafhirt hat er hundert Tiere.
Als er sie mal mit seinem Stecken
nach Hause trieb in die Quartiere,
bemerkte er zu seinem Schrecken,

dass eins der kleinen Lämmer fehlte!
Er fand nur seine Schafmama.
Und als er dann gleich noch mal zählte,
war klar: Das Kleine war nicht da.

Was soll ich tun?, denkt er mit Schrecken.
Ich geh den ganzen Weg zurück.
Vielleicht kann ich das Tier entdecken.
Ich hoffe auf ein bisschen Glück.

Ein Schaf ist ja ein Herdentier
und ohne Orientierungssinn.
Und hat ein Wolf hier sein Revier,
dann ist sein Leben schnell dahin.

So eilt es also. Der Besitzer
    rennt nun zurück so schnell er kann.
Er hat versagt als Schafbeschützer,
    und der Gedanke quält den Mann.

Er rennt und schaut und ruft und sucht.
    Und schließlich kommt der treue Hirte
in eine finstre, enge Schlucht,
    durch die heut früh der Weg sie führte.

Horch! Was ist das? Es dringt ganz leise
    ein fernes Blöken an sein Ohr.
Es klingt für ihn wie eine Weise
    von einem hohen Engelchor.

Er zwängt sich durch Gebüsch und Wald,
    das Blöken weist dabei die Richtung.
Und dann – tatsächlich sieht er bald
    das Schäfchen stehn auf einer Lichtung.

Man scheut sich fast, es zu erwähnen,
    doch ihr verratet es ja nicht:
Bei diesem Anblick flossen Tränen
    der Freude über sein Gesicht.

Ein Anblick, der ihn so entzückte,
    dass er das nun gefund'ne Lamm
mit großer Freude an sich drückte,
    und dann auf seine Schultern nahm.

Er fühlte sich wie neugeboren.
Genauso fühlte auch das Schaf.
»Denkt doch, mein Schäfchen war verloren!«,
rief er zu jedem, den er traf.

*»Nun hab ich's wieder! Welch ein Glück!
Hier ist es. Freut euch doch mit mir!«*
Dann bracht' zur Herde er's zurück,
und dort zu seinem Muttertier.

Und Jesus schaut auf all die Leute.
*»Nach dem Erlebnis, will mir scheinen,
dass sich der Hirte noch mehr freute
als an den vielen an dem einen.*

*So ist es mit der Menschen Kinder:
Die Engel jubeln froh und singen,
ließ sich ein sonst verlor'ner Sünder
von Gottes Lieb' nach Hause bringen.«*

Lukas 15,11-32

Das Gleichnis vom verlorenen Sohn

℘

Oft denken Menschen aller Zeiten,
    Gott müsste sie besonders ehren,
weil – im Vergleich mit andern Leuten –
    sie ja moralisch besser wären.

So mancher hat sich schon vermessen
    als geistlich kleiner Gernegroß.
Er hat dabei bequem vergessen:
    Kein Mensch ist schließlich fehlerlos.

Die Pharisäer, die so dachten,
    die mussten stets auf Jesus hetzen,
indem sie ihm den Vorwurf machten,
    er würde auch die Sünder schätzen.

Worüber sie sich stolz beschwerten.
Es würden – sagen diese »Frommen« –
die Sünder, wenn sie sich bekehrten,
von Jesus freundlich aufgenommen.

Und sie ereiferten sich sehr,
die Selbstgerechten. Und all denen
erzählte Jesus diese Mär
von einem Bauern mit zwei Söhnen.

Der eine Sohn hat unverwandt
geschuftet wie ein Ackergaul,
als seines Vaters rechte Hand.
Der andre Sohn war ziemlich faul.

»Ich bin zu groß für Vaters Schoß!«,
sagt er. *»Zahl mir mein Erbe aus!*
Dann seid ihr zwei mich endlich los,
und ich verlasse dieses Haus.«

Der Vater gab nun widerwillig
das halbe Erbe seinem Sohn.
Doch diese Sache war nicht billig!
Der nahm das Geld und zog davon.

Das Geld war nicht der größte Schaden.
Was diesen Vater mehr betrübte,
war, dass der Sohn so sehr missraten,
den er ja doch trotz allem liebte.

Weit fort zog nun der Taugenichts
und führte dort ein wildes Leben,
was auch nicht schwer war angesichts
des Geldes, das man ihm gegeben.

So lebte er auf großem Fuß,
bis das Vermögen alle war.
Da war's vorbei mit dem Genuss,
und schließlich hungert er sogar.

Ein süßes Leben? Schluss damit!
Da half kein Jammern, Klagen, Fluchen.
Weil er erbärmlich Hunger litt,
musst' er sich schließlich Arbeit suchen.

Doch in der Stadt da fand er keine.
Weil er auch nichts zu essen fand,
so hütete er schließlich Schweine,
im Dreck, weit draußen auf dem Land.

Sein Lohn war nicht genug zum Leben,
und trotzdem noch zu viel zum Sterben.
Was würde er jetzt dafür geben,
könnt' er zu Hause noch mal erben.

Das hatte er sich selbst verdorben.
Aß weniger als seine Säue,
und wär vor Hunger fast gestorben.
Und so empfand er tiefe Reue.

»Ich will zu meinem Vater gehen,
und will ertragen jede Strafe,
um endlich meinen Mann zu stehen,
und fleißig schuften wie ein Sklave.

Schwer wird's. Ich war noch nie demütig.
Jedoch will ich es trotzdem wagen.
Mein Vater ist von Herzen gütig
und wird mich nicht vom Hofe jagen.«

So ging er heim auf weiten Wegen.
Von fern sah ihn der Vater kommen.
Er lief voll Freude ihm entgegen
und hat ihn freundlich aufgenommen.

Der Sohn spricht: *»Vater, ach, vergib!*
Ich hab gesündigt!« Und er weint.
»Mein Sohn, ich hab dich trotzdem lieb!
Wie froh bin ich! Wir sind vereint!«

Der Sohn weiß nicht wie ihm geschieht.
Ein Freudenfest befiehlt der Bauer.
Als nun der andre Sohn das sieht,
da ärgert er sich und ist sauer.

»Der hat mit Huren und mit Saufen
das Geld, das er uns abgepresst,
verbraucht! Kaum kommt er hergelaufen,
gibst du ihm ein Willkommensfest!

Nein Vater, das kannst du nicht machen!
Ich hab geschuftet wie ein Knecht,
dem schmeißt du alles in den Rachen.
Das ist entsetzlich ungerecht!

Jag ihn davon, das freche Luder!
Schick ihn zurück zu seinen Säuen!«
Der Vater sagt: *»Er ist dein Bruder!*
Du solltest dich doch mit mir freuen!

Du warst mir nah, und damit reich.
Er musste sich erst wieder nähern.«
»Ihr seid nun diesem Sohne gleich«,
sagt Jesus zu den Pharisäern.

»Der andre Sohn, der gleicht dem Sünder,
dem, wenn er umkehrt, Gott vergibt.
Gott ist der Vater, der die Kinder
bedingungslos von Herzen liebt.«

Lukas 17,11-19

Die zehn Aussätzigen

Sie sind ja keineswegs zehn Freunde.
  Not ist's, was sie zusammenschweißt.
Gemeinsam stell'n sie sich dem Feinde,
  der großen Not, die Aussatz heißt.

Kann man das erste Mal entdecken,
  weiß man, es führt kein Weg zurück.
Um andere nicht anzustecken,
  beginnt ein Leben ohne Glück.

Man muss sich völlig isolieren,
  im Freien leben, früh bis spät,
darf andere nicht mehr berühren,
  nur den, dem es genauso geht.

Durch Betteln nur kann man bestehn,
zu krank, mit abgefaulten Händen.
So fanden sich nun diese zehn,
sich gegenseitig Trost zu spenden.

Doch eines Tags dringt ein Gerücht
in all ihr Leiden, Klagen, Jammern.
Klar, dass sie sich an den Bericht
so wie an einen Strohhalm klammern.

Da sei ein Mann, von Gott gesandt,
der Jesus heiße, ein Prophet.
Er reise durch das ganze Land
und helfe, wem es dreckig geht.

Die Blinden könnten wieder sehen,
und hören könnten neu die Tauben.
Die Lahmen könnten wieder gehen.
Es heißt, man müsse ihm nur glauben.

Und dieser mit zwölf Jüngern ginge
hier nach Jerusalem hinauf.
Da sind die zehn gleich guter Dinge,
und es keimt neue Hoffnung auf.

Und so beginnen diese Leute
rasch aufeinander zuzuwandern.
Zehn Männer von der einen Seite,
und dreizehn Männer von der andern.

Sie rufen, als sie sie gesichtet,
laut, dass die Rufe weithin schallten.
Sie waren ja dazu verpflichtet
sich von Gesunden fernzuhalten.

»Herr Jesus, ach, erbarme dich!
Uns hilft sonst niemand, so hilf du!«
Und Jesus – wie verwunderlich –
kommt unerschrocken auf sie zu.

»Geht hin, damit man euch bescheinigt,
dass völlig ihr genesen seid!
Gott hat vom Aussatz euch gereinigt!
Geht nur! Zu Ende ist das Leid.«

Geheilt? Wie kann er so was sagen!
Will er am Ende uns verspotten?
Wo wir doch noch die Binden tragen
und Zeh'n und Finger uns verrotten!

Dann aber sagt ein alter Mann:
»Das Leben hängt am seid'nen Faden.
Da nimmt man, was man kriegen kann.
Und nützt es nichts, kann's doch nicht schaden.

Es heißt, dass es um Glauben geht.
Nun also denn – lasst uns vertrauen!
Und ist er wirklich ein Prophet,
so werden wir noch Wunder schauen.«

So machen sie sich auf die Reise,
unsicher zwar, halb ernst, halb heiter.
Sie glauben schwach und zweifeln leise.
Die dreizehn zieh'n inzwischen weiter.

Und während nun die Kranken gehen,
schreit plötzlich einer: »*Welch ein Glück!*
In meine abgestorb'nen Zehen
kehrt plötzlich das Gefühl zurück!«

»*Und seht!*«, ruft einer. »*Meine Haut!*
Und meine Nase war ganz wund!
Wir haben diesem Mann vertraut
und werden wirklich nun gesund!«

»*Ich auch!*«, »*Ich auch!*«. Vorbei die Klage!
Sie schaun sich an und stellen fest,
dass von den Folgen dieser Plage
sich nun fast nichts mehr finden lässt.

Sie singen, tanzen, jubeln, lachen
und springen hochbeglückt umher.
Mit jedem Schritt, den sie nun machen,
vergeht die Krankheit immer mehr.

Vorbei die Not, die sie vereinigt.
Die neue Zeit beginnt ab heute.
So wird's auch offiziell bescheinigt:
Sie dürfen wieder unter Leute.

»Macht schnell! Es war vor einer Stunde!
Wir holen ihn vielleicht noch ein!«
So sagt es einer aus der Runde.
»Wen denn?«, so fragen alle neun.

»Wer hat uns denn so reich beschenkt?
Vor Kurzem waren wir noch krank!
Habt ihr das etwa schon verdrängt?
Wir schulden Jesus unsern Dank!«

»Du kannst den Rabbi von uns grüßen.
Uns wurde so viel Zeit gestohlen –
jetzt woll'n das Leben wir genießen!
Es gilt, so vieles nachzuholen.

Wir wollen schnell nach Hause gehen.
Die Zeit war lang genug! Und bitter!
Du kannst das sicher nicht verstehen,
du bist ja nur ein Samariter.«

Der aber sagt: *»Ihr sollt euch schämen!«*
Er löst dabei die letzte Binde.
Die alles selbstverständlich nehmen
zerstreuen sich in alle Winde.

Er rennt – es geht auf einmal leicht
mit neuer Kraft – rennt immer weiter,
und schließlich hat er sie erreicht,
den Rabbi und die zwölf Begleiter.

»O Herr, ich bin dir nachgeeilt«,
ruft er, und kniet sich vor ihm nieder.
»Du hast mich wunderbar geheilt.
Ich war schwer krank, jetzt leb ich wieder!«

»Du hast die Gnade angenommen!
Für Gottes Hilfe dankbar sein
macht deine Heilung erst vollkommen.
Wo aber sind die andern neun?«

Markus 10,13-16

Jesus und die Kinder

℘

Drei Mütter nahen sich von ferne
mit einer großen Kinderschar.
Jakobus meint: »*Die wollen gerne*
den Meister sprechen, das ist klar.

Das aber lassen wir nicht zu.
Er soll heut nicht Besuch empfangen.
Ich finde nämlich, er braucht Ruh!«
Da kommen sie schon angegangen.

»*Gott grüße euch, ihr edlen Herrn!*
Könnt ihr mal aus dem Wege gehen?
Lasst uns mal durch! Wir wollen gern
mit unsern Kindern Jesus sehen.«

»Das geht jetzt nicht! Verschwindet schnell!
Mit Kindern? Nein, das geht zu weit!«,
sagt finstern Blicks Nathanael.
»Der Meister hat jetzt keine Zeit!«

»Er sagte doch: Kommt zu mir alle!
Ich hab's gehört, ich kann's beschwören!«
»Das stimmt, doch nicht in diesem Falle!
Doch nicht mit sieben frechen Gören!«

»Wir wollen gern dem Herrn begegnen«,
sagt eine andre aus der Gruppe.
»Er soll doch unsre Kinder segnen!«
Ein Kind ergänzt: *»Und meine Puppe!«*

»Da hört ihr's! Kindliches Geschwätz!
Die Kinder sind nicht wie die Alten.
Sie kennen nicht mal das Gesetz,
geschweige denn, dass sie es halten.«

»Sprecht leiser!«, mahnt nun der Thaddäus,
»damit ihr nicht den Meister stört!«
Und leise murmelt der Matthäus:
»Mit kleinen Kindern! Unerhört!«

»Sie wissen nicht, was Gott gebot,
und können es auch nicht begreifen«,
bemerkt noch Simon, der Zelot.
»Sie brauchen Zeit, heranzureifen.«

»Doch bei dem Reifen könnte ja
der Segen helfen«, sagst mit Charme
die freundlich lächelnde Mama
mit einem Baby auf dem Arm.

»Von Kindern wird bestimmt nicht sehr
der heil'ge Segen ernst genommen.«
Dann aber – plötzlich – ruft der Herr:
»Lasst doch die Kinder zu mir kommen!«

Was Mütter nun und Kinder freute.
Die Jünger sind nun leicht verlegen.
Sie treten etwas an die Seite.
»Dann geht und holt euch euren Segen.«

Die Kinder – zunächst fehlgeleitet –
die lassen sich's nicht zweimal sagen.
Er hat die Arme ausgebreitet.
Das heißt: *Ihr könnt euch zu mir wagen.*

Sie rennen, springen, hüpfen, traben,
ein Kind kommt schüchtern hinterher.
Wie schön, dass sie die Chance haben
bei ihm zu sein! Das freut sie sehr.

Die Augen Jesu strahlen hell,
der Kinder Augen freudig blitzen.
Das erste Kind erkämpft sich schnell,
zuerst auf Jesu Schoß zu sitzen.

»Ich bin ja auch für sie erschienen.
Von Gott geliebt sind sie es wert.
Und darum sag ich euch, dass ihnen
gewiss das Gottesreich gehört.«

Legt ihnen dann die Hände auf
und sagt: »*Gott gebe euch Geleit!*
Er segne euren Lebenslauf,
und bleibe bei euch allezeit!«

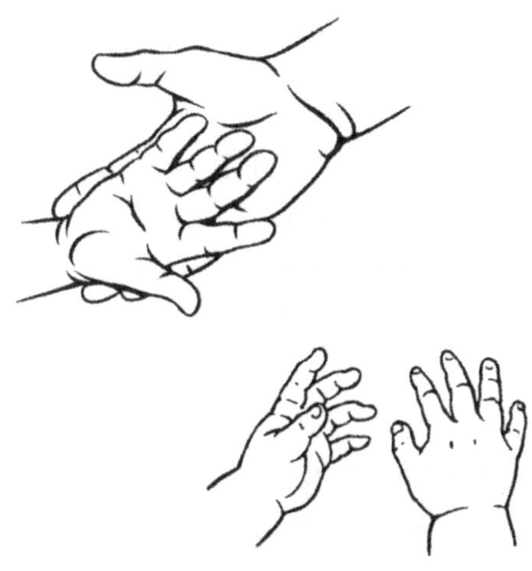

Lukas 18,35-43

Der Blinde von Jericho

ꝏ

Ein Blinder sitzt im Jordantale
    am Straßenrand von Jericho.
Gleich vor ihm steht die Bettelschale.
    Er denkt, er wird wohl nie mehr froh.

Er orientiert sich nach Gehör,
    die Welt umher muss er ertasten.
Da ist das Überleben schwer.
    Er bettelt nur. Oft muss er fasten.

Man sagt ihm, Jericho sei grün,
    der Himmel blau, die Blumen rot –
all das, was ihm nur schwarz erschien.
    Dafür sind seine Augen tot.

Sie sagen auch, es gäb da einen,
der reise stets im Land umher,
der Jesus heiße. Manche meinen,
dass er sogar der Christus wär.

Er heilt die Lahmen und die Tauben,
vor allem aber auch die Blinden.
Und alle die, die an ihn glauben,
die würden bei ihm Hilfe finden.

Das wäre toll bei seiner schlimmen
Behinderung. Doch angenommen,
es würde wirklich alles stimmen –
wie sollte er dann zu ihm kommen?

Da nahen plötzlich viele Schritte,
und Stimmen auch. Die Schar ist groß.
Unsicher ruft er seine Bitte:
»Sagt mir mal einer – was ist los?«

Da sagt ihm einer: *»Ein Prophet
kommt eben grad durch unsre Stadt,
der Jesus heißt, aus Nazareth,
ein Mann, der viele Wunder tat.«*

Das ist jetzt die Gelegenheit!
Jetzt oder nie! Der oder keiner!
Hier oder nirgends! Und er schreit:
»Herr Jesus, ach, erbarm dich meiner!«

Doch man beginnt ihm vorzuwerfen:
»Halt doch den Mund! Was schreist du so?
Du fällst dem Rabbi auf die Nerven!
Du störst ja schon halb Jericho!«

Doch er ruft weiter, immer mehr.
Und Jesus hört den Hilfeschrei.
»Wer ruft denn da? Bringt ihn hierher!
Ich helfe ihm, wer er auch sei.«

Sie sagen ihm: *»Sei endlich still!*
Steh auf! Wir bringen dich zu ihm,
weil dich der Meister sehen will.«
Da springt er auf, voll Ungestüm.

Er stößt die Bettelschale um.
Was soll's! Drum kümmert er sich später.
Jetzt geht's als Wichtigstes darum:
Er kommt zu diesem Wundertäter.

Sie führen ihn. Da steht er nun
vor diesem fremden Wundermann.
»Was möchtest du? Was soll ich tun?«
»Ach Herr, mach, dass ich sehen kann!«

Und es geschieht! In dem Moment
bekommt der Mann das Augenlicht!
Er sieht so viel, was er nicht kennt.
Und vor sich sieht er ein Gesicht.

Ihn überwältigt all die Fülle,
die niemals er sich ausgemalt,
noch mehr die Liebe, die ihm stille
aus dem Gesicht entgegenstrahlt.

Er jubelt laut: »*Dank dir, mein Herr!*«
Vorbei das Elend und die Not.
Und all die Leute ringsumher,
die freun sich mit, und loben Gott.

Lukas 19,1-10

Zachäus

Zachäus war ein kleiner Mann,
　　doch er war reich und einflussreich,
sodass man von ihm sagen kann:
　　Der Mann war klein und groß zugleich.

Das lag nun nicht an seinem Fleiße.
　　Nein, er erwarb sein Geld bequemer,
wenn auch auf unbeliebte Weise,
　　denn er war nämlich Zolleinnehmer.

Heut sehn wir ihn am Straßenrand
　　inmitten vieler Menschen stehen.
Denn es war allgemein bekannt:
　　Der Rabbi soll vorübergehen.

Das interessiert Zachäus sehr,
das Treffen wollte er nicht missen.
Denn der Zachäus hat es schwer
mit seinem eigenen Gewissen.

Er weiß ja, dass es Sünde ist,
und diese Schuld belastet ihn,
den Leuten mit viel Macht und List,
aus ihren Taschen Geld zu ziehn.

Von Jesus heißt's, er liebt auch jene,
die reuig sind mit ihren Sünden.
Und wer sich nach Vergebung sehne,
der könne sie bei ihm auch finden.

So ist's nicht Neugier nur alleine,
dass er will diesen Jesus sehen.
Doch leider hat er kurze Beine
und muss auch noch ganz hinten stehen.

Da geht der Kleine völlig unter.
Er sieht rein gar nichts! Aus der Traum!
Jedoch – ein Stück die Straße runter,
da steht am Rand ein Maulbeerbaum.

Er läuft dahin und scheut sich nicht,
hinaufzuklettern wie ein Bube.
Hier oben hat er gute Sicht
und sitzt wie in der guten Stube.

Da sieht er Jesus näher schreiten.
Von oben sieht er's ganz bequem.
Die zwölf Apostel ihn begleiten,
viel Leute folgen außerdem.

Doch da – grad unter dem Geäst,
auf dem er sitzt, bleibt Jesus stehen –
was auch die andern stoppen lässt –,
um zu dem Mann hinaufzusehen.

»*Zachäus!*«, ruft er nun empor,
zum Staunen all der vielen Leute,
»*Komm runter, denn ich habe vor,
bei dir zu Gast zu sein. Noch heute!*«

Das lässt sich der nicht zweimal sagen!
Da wird er plötzlich froh und munter!
Man muss ihn nicht zum Jagen tragen.
Er rutscht und springt vom Baum herunter.

So lädt er Jesus zu sich ein,
die Jünger selbstverständlich auch,
um ihm, dem Meister, nah zu sein.
Bei einem Mahl – so ist es Brauch.

Zachäus tritt vor Jesus hin
und sagt: »*Die Hälfte meiner Habe
geb ich, weil ich so glücklich bin,
den Armen nun als milde Gabe.*

Und vierfach gebe ich zurück,
wo ich die Leute hab betrogen.«
Und Jesus sagt: »*Ja, Heil und Glück*
sind heute bei dir eingezogen.«

Johannes 12,1-11

Die Salbung durch Maria

Sie lagern an dem langen Tisch.
    Die Schwestern hatten eingeladen.
Es gab Oliven, etwas Fisch,
    aus Mehl und Öl geback'ne Fladen.

Jetzt sind anscheinend alle satt,
    und Marta freut sich, die geschäftig
das alles vorbereitet hat.
    Maria half ihr diesmal kräftig.

Die Letzten kau'n noch auf den Resten.
    Und Marta bringt die Schüssel Feigen,
um damit ihren vielen Gästen
    die tiefe Dankbarkeit zu zeigen.

Maria lehnt sich an die Wand
und lässt dabei die Blicke wandern.
Die alle sind ihr ja bekannt.
Sie blickt vom einen zu dem andern.

Es scheint Maria wie ein Traum,
wenn sie sich umsieht und bedenkt:
Wie viele sind in diesem Raum,
die Jesus reichlich hat beschenkt!

Sie schaut auf Simon, den Zeloten,
der hätt' gern Römer umgebracht.
Jetzt hat zu einem Friedensboten
die Liebe Jesu ihn gemacht.

Es pflegte auch in frühern Tagen
Matthäus, der auch Levi heißt,
dem vielen Gelde nachzujagen.
Jetzt lebt in ihm ein andrer Geist.

Wie viel an Grund zum Dank ist nur
um diesen Tisch, in diesem Haus!
Und trotzdem reicht die Segensspur
weit über diesen Raum hinaus.

Er hat manch selbsternanntem Frommen
die falsche Meinung korrigiert.
Hat manchen Sünder angenommen
und zu dem Heil in Gott geführt.

Hat böse Geister ausgetrieben
und Leidende gesund gemacht,
Verzweifelten mit seinem Lieben
die Hoffnung und den Trost gebracht.

Zuletzt fällt noch Marias Blick
auf ihren Bruder Lazarus.
Sie merkt, dass sie vor lauter Glück
und Dankbarkeit fast weinen muss.

Er war gestorben und war fort.
Vier Tage lag er schon im Grab!
Bis Jesus ihm mit einem Wort
den Lebensatem wiedergab.

Maria schaut und überlegt:
Wie wäre das, was sie beglückt,
was sie im Innersten bewegt,
unmissverständlich ausgedrückt?

Da fällt das Ölgefäß ihr ein,
wertvoller Krisenschutz für morgen.
Es sollte Sicherheit ihr sein,
um sie im Alter zu versorgen.

Schnell springt sie auf und zögert nicht –
sie ist sonst nicht so ungestüm.
Jetzt aber gilt's! Und sie zerbricht
den Hals des Krugs mit dem Parfüm.

Sie gießt das Duftöl auf sein Haupt
und fühlt, dass alles, was sie liebt,
was sie erlebt hat, fühlt und glaubt,
sie Jesus damit wiedergibt.

Im Saal ist's plötzlich totenstill,
und es verbreitet sich der Duft.
Klar, was sie damit sagen will.
Der Jünger Judas aber ruft:

»Was soll das? Was hast du getan?«
Die Stimmung nimmt schnell eine Wendung
von still und heilig zu profan.
»Das ist doch reinste Geldverschwendung!

Denkt nicht, ich würd es ihm nicht gönnen!
Jedoch – vergeudet ist es nun!
Man hätte es verkaufen können
und mit dem Geld viel Gutes tun!

Seht doch die Dinge mal ganz nüchtern!«
Sie schaun zu Jesus. Blicke fragen.
Maria ist verschreckt und schüchtern.
Was wird der Meister dazu sagen?

»Sie hat es selber so erwählt.
Was ihr gehört, kann sie verschenken.
Wo später man von mir erzählt,
wird man auch dieser Tat gedenken.

An Armen wird es euch nie fehlen.
Tut ihnen Gutes allezeit!
Maria macht mit diesem Ölen
mich für den nahen Tod bereit.«

Den Tod? Maria ist erschreckt.
Das kann und will sie nicht verstehen.
Wer andere vom Tod erweckt
kann doch nicht sterbend von uns gehen!

Doch Marta denkt: *Vor kurzer Frist*
hat das Versprechen er gegeben,
dass er die Auferstehung ist,
die Auferstehung und das Leben.

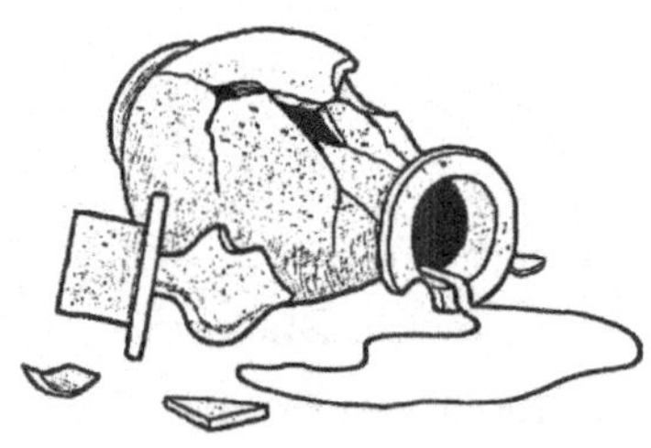

Lukas 21,1-11

Einzug in Jerusalem

ꝭ

Jerusalem schwirrt vom Gerücht:
»Der Jesus kommt heut in die Stadt!«
»Wer ist das?« »Was, du kennst ihn nicht?
Der Mann, der viele Wunder tat!«

»Na klar, das Passahfest kommt näher.
Und da – das weiß doch jedes Kind –
wird's spannend, weil die Pharisäer
nicht gut auf ihn zu sprechen sind.«

»Ich hörte, was sich grad begab,
vor Kurzem, eine Wundertat:
Ein Toter kam aus seinem Grab
als Jesus ihn gerufen hat.«

»Ein Wundertäter kann uns nützen.
Wo trefft ihr ihn? Am Ölberghang?
Da bleib ich nicht zu Hause sitzen!
Ich komme mit zu dem Empfang.«

Unübersehbar ist die Menge,
die halbe Stadt ist in Bewegung.
Es herrscht ein ziemliches Gedränge.
Man ist in fröhlicher Erregung.

Da kommt er! Aber nicht zu Fuß,
weil er auf einem Esel reitet.
Ein Frommer, der es wissen muss,
ruft laut: *»Dem ihr den Weg bereitet,*

der kann nur der Messias sein!
Es muss sich doch das Wort erfüllen:
Es zieht der Herr in Zion ein
und reitet auf 'nem Eselsfüllen.«

Das Wort begeistert sie noch mehr.
Und alle, die zusammenkamen,
die schrein: *»Gelobt sei Gott der Herr,*
und der da kommt in seinem Namen!«

Beginnen, Kleider abzulegen,
um so mit Tüchern und mit Zweigen,
rasch abgelegt auf seinen Wegen,
ihm ihre Hochachtung zu zeigen.

Und: *»Hosianna! Lob sei dem,*
der uns errettet!«, schrein die Leute.
Sie kamen nach Jerusalem,
wo sich das Volk alsbald zerstreute.

Ob sich's wohl um dieselben handelt,
die ein paar Tage später schrien,
als sich die Stimmung hat gewandelt,
dort vor Pilatus: *»Kreuzigt ihn!«*?

Matthäus 26,20-30.36-56;
Johannes 13,1-15

Gethsemane

℘

Da sitzen sie in einem Saal,
die Jünger mit dem Gottessohn.
Hier feiern sie das Passahmahl
nach ihrer alten Tradition.

Trotz Fest – die Stimmung ist gedrückt.
In tiefem Ernst sind sie vereinigt.
Bis Jesus Wasser holt, sich bückt,
und allen ihre Füße reinigt.

»Tut ihr das auch, was ich euch tat!
Und dient einander liebevoll!«
Nicht Vorbild ist das nur, und Rat,
auch für sein Sterben ein Symbol.

Er nimmt das Brot, das er nun bricht,
und denkt an seinen nahen Tod.
Er isst, gibt weiter, und er spricht:
»*Nehmt! Esst! Mein Leib ist dieses Brot!*«

Er nimmt den Wein. »*Das ist mein Blut.*
Vergossen wird's für alle gleich.
Wenn ihr euch trefft und dieses tut,
dann bin ich mitten unter euch.«

Dann gehn sie, wie sie immer gingen
in dieser Stadt seit eh und je,
um dort die Nächte zu verbringen.
Der Garten heißt Gethsemane.

Die Jünger lassen sich hier nieder,
und er sagt: »*Betet! Schlaft nicht ein!*
Und wacht mit mir! Ich komme wieder.
Da hinten bete ich allein.«

Er wirft sich nieder, um zu beten,
er fleht mit Zittern und mit Zagen:
»*Wenn möglich, hilf mir aus den Nöten,*
erspar mir, dieses Leid zu tragen!«

Die Angst treibt Schweiß ihm ins Gesicht.
Er bäumt sich auf, wird wieder stille.
»*Du weißt, mein Vater, ich will's nicht,*
doch sag ich ja – es gilt dein Wille.«

Als Gottes Sohn gibt er sich hin,
zu tun, was er als Mensch nicht wollte.
Gott lädt die Schuld der Welt auf ihn,
die er im Sterben tragen sollte.

Dreimal muss er so niedersinken,
um seinen Vater anzuflehn:
»Lass mich den bittern Kelch nicht trinken!
Jedoch dein Wille soll geschehn!«

Die Jünger sind nun doch nicht wach,
wie es ihr Meister hat befohlen.
Der Geist will wohl, das Fleisch ist schwach.
»Wacht auf! Sie kommen, mich zu holen.«

Da leuchten Fackeln in der Nacht.
Es flüstern Stimmen, klirren Klingen,
denn Judas hatte abgemacht,
sie für viel Geld hierher zu bringen.

Nun steht vor Jesus der Verräter,
grüßt heuchlerisch mit einem Kuss.
Und ein paar Augenblicke später,
da kommt es, wie es kommen muss.

Die Jünger, die erfasst ein Schrecken,
und Petrus zieht sein Schwert hervor,
schlägt zu – doch Jesus sagt: *»Lass stecken!«*,
und heilt das abgeschlag'ne Ohr.

Sie fesseln ihn. Er wehrt sich nicht.
Sie stoßen herrisch ihn, und ziehen
ihn vor das oberste Gericht.
Die andern Jünger aber fliehen.

Lukas 23,1-5; 13-25

Vor Pilatus

℘

Die Leute stehen dicht an dicht,
sie woll'n sich nichts entgehen lassen.
Denn Jesus steht heut vor Gericht,
da dürfen sie kein Wort verpassen.

Man hat sie alle hergetrieben.
Was aber gar nicht nötig wär.
Sie wär'n auch so nicht ferngeblieben,
die eigne Neugier treibt sie her.

Um beste Plätze muss man kämpfen.
Gedränge, Flüche, laut und schrill,
Soldaten, die den Lärm nun dämpfen.
Der legt sich langsam. Es wird still.

Pilatus, der an Kaisers statt,
autoritär, mit großer Strenge,
in diesem Land das Sagen hat,
tritt souverän nun vor die Menge.

Und Jesus kommt. Er wird verhöhnt.
Er blutet stark und ist geschwächt.
Gefoltert wurde er, gekrönt
zum Spott mit einem Dorngeflecht.

Pilatus sagt: »*Der Hohe Rat*
hat dich hier vor Gericht gestellt.
Bist du ein König?« »*In der Tat!*
Mein Reich ist nicht von dieser Welt.

Ob du mein Leben kannst beenden,
bestimmst nicht du! Um es zu schonen,
könnt' mir mein Vater Engel senden.
Sogar, wenn nötig, zwölf Legionen.«

»*Ich finde an ihm keine Schuld*«,
urteilt Pilatus – völlig richtig.
Doch alle schrein voll Ungeduld.
Was Recht ist, das ist hier nicht wichtig.

Pilatus, hoch auf dem Podest,
sagt zu dem Volk: »*Ich lass ihn frei!*«
Die Antwort: wütender Protest
und viel frenetisches Geschrei.

»Wir haben Barrabas gefangen,
den üblen Räuber, voller Hass.
Wen von den zwei'n wollt ihr verlangen?«
Sie schreien: *»Gib uns Barrabas!«*

Pilatus lässt sich Wasser bringen
und wäscht die Hände. Alle gaffen.
Er sagt damit: *Mit diesen Dingen*
hab ich ab jetzt nichts mehr zu schaffen.

Gibt den Befehl dann resigniert
an eine Gruppe Legionäre:
»Der Mann wird sofort abgeführt!
Ans Kreuz! Als ob er schuldig wäre!«

Matthäus 27,31-56

Die Kreuzigung

℘

Durch enge Gassen, über Treppen,
so treiben sie ihn durch die Stadt.
Das Kreuz muss Jesus selber schleppen,
das man ihm aufgeladen hat.

Ein Unbeteiligter sieht seine Plagen.
Und da ergibt sich diese Szene:
Sie zwingen ihn, das Kreuz zu tragen.
Der Mann heißt Simon von Kyrene.

Dann kommen sie nach Golgatha,
was übersetzt heißt: Schädelstätte.
Und nageln an das Kreuz ihn da,
als ob er was verbrochen hätte.

Als hätte er nicht ohne Ende
    geholfen, wo ihn Menschen baten.
Die Nägel bohren sich durch Hände,
    die immerfort nur Gutes taten.

Und rechts und links zwei Übeltäter.
    Der Gottessohn hängt in der Mitten.
Von denen wagt es einer später,
    den Heiland um das Heil zu bitten.

So leidet er, hoch aufgehängt.
    Der Atem röchelt und geht schwer.
Die heiße Mittagssonne sengt.
    Sein müder Körper kann nicht mehr.

Es lässt der Schmerz, die Seelennot
    den Blick für Gottes Plan verblassen.
So schreit verzweifelt er: »*Mein Gott!*
    Warum nur hast du mich verlassen!«

Dann spüren sie die Erde beben,
    stockfinster wird's, wie in der Nacht.
Der Menschensohn gibt hin sein Leben
    und seufzt dabei: »*Es ist vollbracht.*«

Der heil'ge Tempelvorhang reißt,
    die Erde bebt, die Felsen splittern,
womit Gott seinen Zorn beweist.
    Die Menschen stehen da und zittern.

Es scheint, sein Leben sei zerronnen,
    womit auch Gottes Werk zerbricht.
In Wirklichkeit hat Gott gewonnen.
    Doch das verstehen sie noch nicht.

Sie ahnen nicht, was vor sich geht:
    Gott will die ganze Welt erlösen.
Der Hauptmann, der danebensteht,
    staunt: *»Dies ist Gottes Sohn gewesen!«*

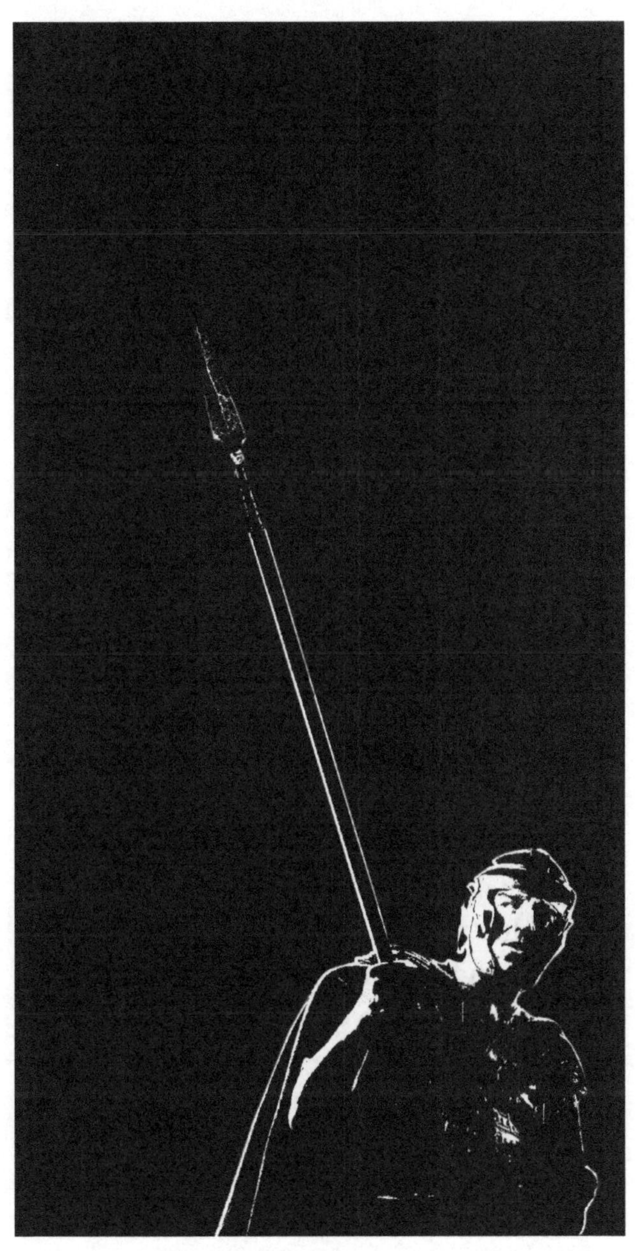

III

Lukas 24,13-35

Der Weg nach Emmaus

Zwei Männer gehn von Zion fort,
    fort von Enttäuschung und Verdruss.
Sie gehn in ihren Heimatort.
    Das kleine Dorf heißt Emmaus.

Auf einmal geht ein andrer mit,
    ein dritter Mann, den sie nicht kennen.
Er grüßt und hält mit ihnen Schritt,
    doch ohne gleich sein Ziel zu nennen.

Erst hört er eine Weile zu,
    dann fragt er, was sie so beklagen.
Da sagen sie erstaunt: »*Weißt du*
    denn nicht, was sich da zugetragen?«

»*Was denn?*« Die beiden denken leise:
Hat er denn nichts davon gehört?
Vielleicht ist er von weiter Reise
gerade erst zurückgekehrt.

Und sie beginnen zu berichten,
von Jesus, diesem Gottesmann,
und den erstaunlichen Geschichten,
von Wundern, die er hat getan.

»*Sein Vollmachtswort – man glaubt es nicht,*
wenn man's nicht selber konnte hören.
Es war, als ob Gott selber spricht.
So konnte er das Volk belehren.

Mit Weisheit sprach er, und mit Macht.
Er würde Israel erlösen,
so haben wir uns das gedacht:
das Land vom Feind und uns vom Bösen.

Doch unsre Oberen und Herren –
denn denen schien er nicht zu passen –
beschlossen, Jesus einzusperren,
und ihn dann kreuzigen zu lassen.

Das ist nun schon drei Tage her.
Der Meister wird uns immer fehlen!
Und die Enttäuschung lastet schwer
auf unsren Herzen, unsren Seelen.«

»Ach, liebe Freunde, ihr seid Narren!
Seid ihr denn für die Wahrheit blind?
Wie könnt ihr auf Erlösung harren,
und dann nicht sehn, wenn sie beginnt!

Was vom Messias in der Schrift
dort schwarz auf weiß geschrieben steht –
lest es genau! Und seht: Es trifft
auf Jesus zu, aus Nazareth.

Das Kleid verlosten die Soldaten.
Ihr saht ja, was geschehen ist.
Lest nach! Denn alles, was sie taten,
steht schon bei David, dem Psalmist.

Lest nach, und glaubt, was ich euch sage!
Denn alles, was sie ihm getan,
das war doch keine Niederlage!
Denn es geschah nach Gottes Plan.

Jesaja schrieb schon sonnenklar
von dem gesandten Gottesknecht,
der selber ohne Sünde war.
Er starb, und machte uns gerecht.

Er litt für unsre Missetat
und ist für unsre Schuld zerschlagen.
Und was der Mensch verschuldet hat,
hat für den Menschen er getragen.

Die Strafe, die uns treffen müsste,
hat Gott, der Herr, auf ihn gelegt,
damit er stellvertretend büßte,
damit er unsre Sünde trägt.«

Und so erklärt der Fremde beiden:
Es musste sich die Schrift erfüllen.
Dass der Messias musste leiden,
geschah genau nach Gottes Willen.

Die beiden sehen: *Ohne Frage,*
was dieser Fremde sagt, ist wahr!
Und ein Geheimnis tritt zutage,
das bisher ganz verborgen war.

»Hab Dank, o Fremder, für die Worte,
mit denen du gesegnet hast!
Jetzt sind wir bald an unserm Orte.
Es wird nun Nacht. Sei unser Gast!«

Dann sitzen sie beim Mahl. Er bricht
das Brot und dankt, bevor er isst.
Da wissen sie und zweifeln nicht,
dass dieser Fremde Jesus ist.

Jedoch im gleichen Augenblick
ist Jesus fort. Sein Platz ist leer.
Leer wie sein Grab! Was für ein Glück!
Er lebt! Jetzt trauern sie nicht mehr.

Die Worte, die ihr Weggefährte
erwähnte, waren ja bekannt.
»Doch erst, als er sie uns erklärte,
hat unser Herz in uns gebrannt.

Die Jünger in Jerusalem
sind traurig, so wie wir es waren.
Sie wissen nichts von alledem!
Auf, auf! Sie müssen es erfahren!«

Johannes 20,19-29

Thomas

℘

Sie sind nur zehn, weil Thomas fehlt,
  denn Judas fehlt ja ohnehin.
Zehn Männer, die der Zweifel quält.
  Was ist geschehn? Was ist der Sinn?

Hat wirklich Gott das so gewollt?
  Man hat das Grab so vorgefunden:
Der Schlussstein war schon weggerollt,
  der Leichnam Jesu war verschwunden.

Maria sprach mit Jesus heute.
  »*Er lebt!*«, erzählte sie beglückt.
Sie wissen nicht, was das bedeute.
  Kann's wahr sein? Ist die Frau verrückt?

Und ihnen sitzt die Angst im Nacken.
Vielleicht will Kaiphas mit Genossen
nach Jesus auch die Jünger packen?
Drum haben sie die Tür verschlossen.

Und dann steht plötzlich Jesus da!
Wie ist er nur hereingekommen?
Dann also stimmt's! Dann lebt er ja!
Und ihnen ist die Angst genommen.

Ist er am Ende nur ein Geist?
»Fühlt an mir Knochen, Muskeln, Haut!«,
sagt er zu ihnen. *»Das beweist:*
Ich bin es, Jesus, den ihr schaut!«

Doch manche zweifeln immer noch.
Er setzt sich einfach an den Tisch.
»Ich bin es wirklich! Glaubt es doch!«,
sagt er, und isst gebrat'nen Fisch.

Da weichen Zweifel, Furcht und Trauer,
und große Freude bricht sich Bahn.
Des Todes Macht ist nicht von Dauer!
Sie beugen sich und beten an.

Dem Thomas geben sie Bericht
von allem, was da ist geschehen.
Doch der sagt nur: *»Das glaub ich nicht!*
Das müsste ich erst selber sehen!

Erst wenn in seinen Nägelmalen
ich selber taste mit den Händen,
in all den Zeichen seiner Qualen,
erst dann wird aller Zweifel enden.«

Dann sitzen alle nach acht Tagen
im gleichen Raum, die Tür verriegelt.
Der Thomas voller Frust und Fragen,
die andern schon von Glück beflügelt.

Und dann tritt Jesus ein erneut,
ganz plötzlich, wie beim ersten Mal.
Da sind die Jünger hocherfreut.
Sie sind nun elfe an der Zahl.

»*Komm, Thomas!*«, sagt er unumwunden.
»*Komm her, und zweifle dann nicht mehr!*
Leg deine Hand in meine Wunden!«
Und Thomas ruft: »*Mein Gott und Herr!*«

»*Nur wer mich seinen Herren nennt*
wird selig sein. Und überhaupt,
wer, weil er Gottes Allmacht kennt,
nicht sieht, dann aber trotzdem glaubt.«

Johannes 21,1-18

Am
See Tiberias

℘

Und wieder sitzen sie im Boot,
nachts, bis zum ersten Morgenlicht.
Ihr Herr ist nun zwar nicht mehr tot,
jedoch bei ihnen ist er nicht.

Gelegentlich erscheint er nun.
Doch was ist mit der Zeit dazwischen?
Was soll'n sie ohne Jesus tun?
So sagte Petrus: *»Ich geh fischen.«*

Da sehn sie einen Mann am Ufer,
vom Morgennebel leicht verhüllt.
»Fischt rechts vom Boot!«, hörn sie den Rufer.
Sie tun's – schon ist das Netz gefüllt.

Johannes sagt: »*Der Herr ist dort!*«
    Das war ja nun nicht schwer zu raten.
Und Petrus springt gleich über Bord,
    um möglichst schnell zum Strand zu waten.

Wo er tatsächlich Jesus findet,
    der sich auf seine Jünger freut.
Er hat ein Feuer angezündet,
    und Fladenbrot liegt auch bereit.

Sie ziehn das Boot nun auf den Strand.
    Bald brutzeln Fische auf den Flammen.
Sie bilden einen Kreis im Sand,
    und glücklich essen sie zusammen.

Dann lässt sie Jesus kurz allein,
    steht auf zu einem kleinen Gang,
und lädt den Petrus dazu ein.
    Sie gehn ein Stück am See entlang.

Da fragt er Petrus ganz direkt,
    ob er ihn, Jesus, wirklich liebt.
Worauf ihm der, wenn auch erschreckt,
    die positive Antwort gibt:

»Ja, Herr, ich lieb dich, wie du weißt!«
    »Dann sollst du meine Schafe weiden!«
Er überlegt, was das wohl heißt.
    Und weiter gehen still die beiden.

Dreimal fragt Jesus liebevoll,
wie lieb er seinen Meister hat.
Ob Petrus das erinnern soll
an seinen dreifachen Verrat?

»Ja, Herr, ich will es dir versprechen,
dass ich dich immer lieben werde,
und nie mehr dir die Treue brechen!«
»Dann Petrus, weide meine Herde!

Du wolltest bisher selbst entscheiden.
Wenn meinen Auftrag du erfüllst,
dann wird ein anderer dich leiten,
und führen, wohin du nicht willst.«

Apostelgeschichte 1,1-11

Jesu Himmelfahrt

Ihr Meister hat sie herbestellt,
die elf, die beieinanderstehen.
Denn er verlässt nun diese Welt
und wird zu seinem Vater gehen.

Nun trauern sie den Jahren nach,
der Zeit mit Jesus, die nun endet.
Gut, dass er ihnen fest versprach,
dass er dafür den Tröster sendet.

»Der Heil'ge Geist wird euch erfüllen,
so sollt ihr meine Zeugen werden.
Dann tragt mein Wort nach Gottes Willen
bis an die Enden dieser Erden!«

Sie sehn die Hände ihn erheben.
Voll Kraft und Liebe segnet er.
Dann sehn sie ihn nach oben schweben,
und schauen staunend hinterher.

Jetzt ist er gar nicht mehr zu sehen,
denn eine Wolke hüllt ihn ein.
Zwei Männer nun vor ihnen stehen.
Das müssen wohl zwei Engel sein.

»Was steht ihr da und schaut hinauf?
Ihr hab ja grad sein Wort gehört:
Seid seine Zeugen! Macht euch auf!
Und handelt bis er wiederkehrt!

Beginnt, sein Werk voranzutreiben!
Ihr habt es doch von ihm vernommen:
Unsichtbar wird er bei euch bleiben,
dann aber sichtbar wiederkommen!«

»Was von Anfang an war, was wir gehört,
was wir mit unsern eigenen Augen gesehen,
was wir angeschaut und unsere Hände betastet
haben, nämlich vom Wort des Lebens –
und das Leben ist offenbar geworden,
und wir haben es gesehen und bezeugen
und verkündigen euch das ewige Leben,
das beim Vater war und
uns offenbar geworden ist …

... was wir also gesehen und gehört haben,
das verkündigen wir auch euch,
damit auch ihr Gemeinschaft mit uns habt;
unsere Gemeinschaft ist aber zugleich
auch die Gemeinschaft mit dem Vater
und mit seinem Sohn JESUS CHRISTUS.
Und dieses schreiben wir euch,
damit unsere Freude
vollkommen sei.«

1. *Johannes-Brief* 1,1-4
(Menge-Übersetzung)

Vom gleichen Autor erschienen
in unserem Verlag ...

... als Kinderbuch
und Hörbuch

DER KLEINE GROSSHERZOG

... in der Reihe *Jung&Jünger:*

DAS GEHEIMNIS DER VIERTEN BURG

NÄCHTE AN DER GRENZE (auch als Hörbuch)

FÜRST UND FÄHRMANN (auch als Hörbuch)

... in der Reihe *stark&mutig:*

VIER IN EINER KAJÜTE
und **TASSO**

Diese – und
viele weitere
gute Angebote
finden Sie unter

www.clv.de